编制

YCT Kaoshi Dagang Yu Yingkao Zhinan Yi Ji

YCT 考试大纲与应考指南
一级

高等教育出版社·北京

·2016·

总 监 制 许 琳

总 策 划 段 莉　贾巍巍

策 划 李佩泽　张慧君　梁 宇　鞠 慧　李 玮

研发组组长 姜丽萍　黄 蕾

成 员（按姓氏笔画排序）

　　　　　　于天昱　马梦莹　王之岭　王亚男　王睿妏
　　　　　　王翠蔚　刘小龙　许仁曜　孙 毅　李亚男
　　　　　　李群锋　张 园　张 欣　张晋军　陈 昕
　　　　　　花敏莲　何 薇　欧阳潭　赵 璇　高 扬
　　　　　　袁 柯　曹 钢　黄亮中　解妮妮　蔡建永
　　　　　　谭春健

前言

据悉，截至 2015 年底，全球已有 66 个国家和地区将汉语教学纳入国民教育体系，汉语非第一语言的中小学生汉语学习群体已经彰显了极大的发展潜力。研究表明，中小学年龄段的学习者，在学习行为方式上，更愿意参与和体验；在能力形成上，更趋向于综合性。YCT（Youth Chinese Test，中小学生汉语考试）自 2010 年实施以来，尤其关注汉语非第一语言的学习者综合能力的培养及多元智能的发展。

《YCT 考试大纲与应考指南》是基于《YCT 考试大纲（2009 版）》的一次修订。本次修订，我们继续遵循"考教结合"的理念，根据主题式教学和任务型教学的理论及方法，以交际话题和语言任务为引领，重点描述学生在每一级别的词语、语言点限定内"能做（can do）"什么。建议在实际教学中，整体培养学习者的交际能力和语言综合运用能力。

为了更加形象地说明本次大纲修订中对话题和任务引领的体现，以下采用简单示例的方式进行说明：

> ➤ 以话题大纲的"日常生活"话题为例，我们不是简单地给出"日常生活"这一话题，而是随着每个级别语言知识的增加而丰富话题内容。"日常生活"子话题从 YCT（一级）的 4 个，增加到 YCT（四级）的 13 个，包括饮食、娱乐活动、人际交往、家务、起居、交通出行等。以"交通出行"为例，它在 YCT 四个级别中的表述如下：

话题	YCT 一级	YCT 二级	YCT 三级	YCT 四级
交通出行	去向	去向	去向、出行方式（坐飞机、坐公共汽车、开车、走）、距离（远近、时间距离）、问路指路（问路、方位：前后左右）	去向、出行方式（骑自行车、坐火车、坐地铁）、距离（远近、时间距离、空间距离）、问路指路（问路、方位：东西南北、行进方向、迷路）、出行体会、交通规则

这样的话题指引有助于教师在引导学生表达"日常生活"时，明确词语和句式的级别性，进而使学习目标更加清晰、训练更为集中、效果更为显著。

➤ 以 YCT（三级）任务大纲中的"谈论兴趣爱好"为例，学习者"能做"的是：
1. 能认清图片中有关兴趣爱好的一些活动（如运动、唱歌、跳舞）。
2. 能听懂他人关于兴趣爱好的描述。
3. 能与家人、朋友、同学谈论兴趣爱好。

整个任务的完成围绕 YCT（三级）相关词语和句式进行，同时引导学生"用中学"，重点训练学生"做"的能力、完成任务的能力。

总而言之，《YCT 考试大纲与应考指南》所表达的理念愈加注重学生的全面发展，在掌握汉语知识、技能的同时，注重态度、习惯、品质和多元智能的发展。本次大纲的修订旨在为全球中小学生学习者和汉语教师提供学习导向和方法，为全球化教育中的国际汉语教育提供有价值的标准。在此，感谢大纲研制过程中各位专家和教师的积极投入。欢迎广大读者在使用过程中提出宝贵意见。

编者
2016 年 6 月

CONTENTS

YCT介绍 1

YCT（一级）介绍 3

话题大纲 5

任务大纲 6

语言点大纲 7

词汇大纲 9

YCT（一级）考试要求及过程 14

YCT（一级）样卷 17

   YCT（一级）答题卡 29

   YCT（一级）样卷听力材料 30

   YCT（一级）样卷答案 32

   YCT（一级）成绩报告 33

YCT 介绍

YCT（Youth Chinese Test，中小学生汉语考试）是一项国际汉语能力标准化考试，考查汉语非第一语言的中小学生在日常生活和学习中运用汉语的能力。

YCT 考试分为笔试和口试两部分，二者相互独立。目前，笔试包括 YCT（一级）、YCT（二级）、YCT（三级）和 YCT（四级）[1]；口试包括 YCT（初级）和 YCT（中级）。

笔试
YCT（一级）
YCT（二级）
YCT（三级）
YCT（四级）

口试
YCT（初级）
YCT（中级）

YCT 各等级与 HSK 及《国际汉语能力标准》《欧洲语言共同参考框架（CEFR）》的对应关系如下表所示：

YCT	HSK	词汇量	《国际汉语能力标准》	《欧洲语言共同参考框架（CEFR）》
	六级	5 000 及以上	五级	C2
	五级	2 500		C1
	四级	1 200	四级	B2
四级	三级	600	三级	B1
三级	二级	300	二级	A2
二级	一级	150	一级	A1
一级		80		

---
1 YCT（五级）和 YCT（六级）预计于2017年正式开考。

一、能力描述

通过YCT（一级）的考生可以理解并使用最常用的汉语词语和句子，具备进一步学习汉语的能力。

通过YCT（二级）的考生可以理解并使用一些非常简单的汉语词语和句子进行问答。

通过YCT（三级）的考生可以用汉语就生活中一些常见的话题进行简单而直接的交流。

通过YCT（四级）的考生可以用汉语完成生活、学习等方面的基本交际任务。

二、考试原则

YCT以增强考生学习汉语的自信心和成就感为目标，遵循"考教结合"的原则，考试设计与目前国际中小学生汉语教学现状、与教材使用紧密结合，"以考促教""以考促学"。

三、考试用途

YCT成绩为下列用途提供参考依据：

1. 考生了解、提高自己的汉语能力水平；
2. 学校汉语教学的开展；
3. 相关汉语教学单位、培训机构评价教学或培训成效。

四、成绩报告

考试结束一个月后，考生可登录汉语考试服务网www.chinesetest.cn查询成绩。YCT成绩报告由孔子学院总部/国家汉办颁发。

YCT（一级）介绍

YCT（一级）考查考生的日常汉语应用能力。通过YCT（一级）的考生可以理解并使用最常用的汉语词语和句子，具备进一步学习汉语的能力。

一、考试对象

YCT（一级）主要面向按每周2～3课时进度学习汉语3个月，掌握相关话题、任务、语言点及80个最常用词语的中小学生。

二、考试结构

YCT（一级）共35题，分听力、阅读两部分。全部考试约35分钟（含考生填写个人信息时间5分钟）。

考试内容		试题数量（个）		考试时间（分钟）
听力	第一部分	5	20	约10
	第二部分	5		
	第三部分	5		
	第四部分	5		
填写答题卡（将听力部分的答案填涂到答题卡上）				3
阅读	第一部分	5	15	17
	第二部分	5		
	第三部分	5		
共计		35		约30

注：试卷上的试题都有拼音，且试卷为彩色。

1. 听力

> ◇ 第一部分，共 5 题。每题听两次。每题会听到一个词语，试卷上有一张图片，考生根据听到的内容判断是否与图片对应。

> ◇ 第二部分，共 5 题。每题听两次。每题会听到一个短语，试卷上有三张图片，考生根据听到的内容选出对应的图片。

> ◇ 第三部分，共 5 题。每题听两次。每题会听到一个句子，试卷上有一张图片，考生根据听到的内容判断是否与图片对应。

> ◇ 第四部分，共 5 题。每题听两次。每题会听到一个对话，试卷上有三张图片，考生根据听到的内容选出对应的图片。

2. 阅读

> ◇ 第一部分，共 5 题。每题有一张图片和一个词语，考生要判断图片和词语是否对应。

> ◇ 第二部分，共 5 题。每题有一个句子和几张图片，考生根据句子内容选出对应的图片。

> ◇ 第三部分，共 5 题。每题有一张图片和一个带有一处空白的对话，考生要从选项中找出恰当的词语，填入空白处。

三、成绩报告

YCT（一级）成绩报告提供听力、阅读和总分三个分数。满分 200 分，总分 120 分为合格。

	满分
听力	100
阅读	100
总分	200

一级话题 （4项）	二级话题 （12项）	三级话题（37项）
信息表述	人物信息	姓名、年龄、国籍（中国）、家庭情况、职业（老师）、体貌特征（口、耳朵、鼻子、眼睛、个子、手、头发）、喜好（饮食偏好、动物偏好、厌恶）、身心状况（高兴、不高兴）、人物关系（老师、爸爸、妈妈、姐姐、哥哥、不认识）
	事物信息	事物的领属
	时间信息	时刻（点）、日期（号、月、星期、今天、明天）、时长（天数）
	处所信息	处所（哪儿、家、学校、商店、中国）、位置（哪儿、这儿、那儿）
	数量信息	数字、人数、水果数量
日常生活	饮食	饭菜（饭、米饭）、糕点（面包）、水果（苹果）、饮料（水、牛奶）
	娱乐活动	照相
	人际交往	打招呼、告别、感谢、拒绝、询问、评价、表达爱意
	交通出行	去向
教育	学习活动	认字
	教学活动	课堂指令
自然	动物	动物种类（猫、狗）、动物基本信息（年龄、名字、领属）、动物形体特征（外形）、动物行为（吃、喝、叫）

任务		目标
1	相互认识	(1) 能认出图片中的父母、老师等人物关系。
		(2) 能听懂别人简单的自我介绍。
		(3) 能就姓名、年龄、国籍、体貌特征等进行简单的自我介绍。
2	了解五官	(1) 能认清图片中的五官、手和头发。
		(2) 能在游戏中听懂他人发出的指认具体五官的指令。
		(3) 能和同学互相说出五官、手和头发的简单特征。
3	介绍家人	(1) 能认清图片中的家庭成员。
		(2) 能向他人介绍图片中的人物的姓名、年龄、关系、体貌特征等内容。
		(3) 能根据家庭实际情况回答有关家人的信息。
4	喜欢的食物	(1) 能认清图片中的牛奶、米饭、苹果等食物。
		(2) 能向他人介绍自己喜欢的食物。
		(3) 能在用餐时说出自己想吃的食物。
5	认识数字	(1) 能认清图片中的数字或数字手势语。
		(2) 能听辨出年龄、日期、时间、数量等数字词。
		(3) 能和他人互相问答上述数字信息。

	类别	细目	内容	示例
1	名词	时间名词	月	十月九号
			星期	星期一
2	数词	基数	1~99	现在13：50。
3	量词		个	他有三个苹果。
			口	我们家有四口人。
			号	今天是四月几号？
			点	三点
4	代词	疑问代词	什么₁	那是什么？
			谁	谁的手大？
			哪	哪个是你姐姐？
			哪儿	你现在在哪儿？
			几₁	你有几个苹果？
			多₁	你的狗多大？
5	动词	一般动词	在₁	你的耳朵在这儿。
		心理动词	爱	我爱喝牛奶。
			喜欢	你喜欢喝这个吗？

语言点大纲

类别		细目	内容	示例
6	副词		很	很大
			在₂	她们在喝水。
			不	他的个子不高。
7	连词		和₁	这是耳朵和鼻子。
8	助词		吗	你喝水吗?
			的₁	谁的眼睛大?
9	句型	名词谓语句		他十一岁。
		形容词谓语句		她的头发很长。
		动词谓语句	一般动词谓语句	你姐姐叫什么?
10	特殊句型	存现句	"有"字句	那儿有很多人。
		兼语句	叫	去叫爸爸吃饭。
		反问句	不……吗?	小狗,你不认识我吗?
11	句类	疑问句	是非问	你认识王老师吗?
			特指问	今天吃什么?
		祈使句		你看,中国在这儿。

词汇大纲

	词语	拼音	词性	级别
1	爱	ài	动词	[1]
2	八	bā	数词	[1]
3	爸爸	bàba	名词	[1]
4	鼻子	bízi	名词	[1]
5	不	bù	副词	[1]
6	长	cháng	形容词	[1]
7	吃	chī	动词	[1]
8	大	dà	形容词	[1]
9	的	de	助词	[1]
10	点	diǎn	量词	[1]
11	多	duō	形容词/代词	[1]
12	耳朵	ěrduo	名词	[1]
13	二	èr	数词	[1]
14	高	gāo	形容词	[1]
15	高兴	gāoxìng	形容词	[1]
16	哥哥	gēge	名词	[1]
17	个	gè	量词	[1]

	词语	拼音	词性	级别
18	个子	gèzi	名词	[1]
19	狗	gǒu	名词	[1]
20	好	hǎo	形容词	[1]
21	号	hào	量词	[1]
22	喝	hē	动词	[1]
23	和	hé	连词/介词	[1]
24	很	hěn	副词	[1]
25	几	jǐ	数词/代词	[1]
26	家	jiā	名词	[1]
27	叫	jiào	动词	[1]
28	姐姐	jiějie	名词	[1]
29	今天	jīntiān	名词	[1]
30	九	jiǔ	数词	[1]
31	看	kàn	动词	[1]
32	口	kǒu	名词/量词	[1]
33	老师	lǎoshī	名词	[1]
34	六	liù	数词	[1]
35	妈妈	māma	名词	[1]
36	吗	ma	助词	[1]
37	猫	māo	名词	[1]
38	米饭	mǐfàn	名词	[1]

词语	拼音	词性	级别
39	面包	miànbāo	名词	[1]
40	名字	míngzi	名词	[1]
41	明天	míngtiān	名词	[1]
42	哪	nǎ	代词	[1]
43	哪儿	nǎr	代词	[1]
44	那	nà	代词	[1]
45	你	nǐ	代词	[1]
46	牛奶	niúnǎi	名词	[1]
47	苹果	píngguǒ	名词	[1]
48	七	qī	数词	[1]
49	去	qù	动词	[1]
50	认识	rènshi	动词	[1]
51	三	sān	数词	[1]
52	商店	shāngdiàn	名词	[1]
53	谁	shéi	代词	[1]
54	什么	shénme	代词	[1]
55	十	shí	数词	[1]
56	是	shì	动词	[1]
57	手	shǒu	名词	[1]
58	水	shuǐ	名词	[1]
59	四	sì	数词	[1]

	词语	拼音	词性	级别
60	岁	suì	量词	[1]
61	他	tā	代词	[1]
62	她	tā	代词	[1]
63	头发	tóufa	名词	[1]
64	我	wǒ	代词	[1]
65	我们	wǒmen	代词	[1]
66	五	wǔ	数词	[1]
67	喜欢	xǐhuan	动词	[1]
68	现在	xiànzài	名词	[1]
69	小	xiǎo	形容词	[1]
70	谢谢	xièxie	动词	[1]
71	星期	xīngqī	名词	[1]
72	学校	xuéxiào	名词	[1]
73	眼睛	yǎnjing	名词	[1]
74	一	yī	数词	[1]
75	有	yǒu	动词	[1]
76	月	yuè	名词	[1]
77	再见	zàijiàn	动词	[1]
78	在	zài	动词/副词/介词	[1]
79	这	zhè	代词	[1]
80	中国人	Zhōngguórén	名词	[1]

附一 减字词

1	饭	fàn	米饭	名词
2	见	jiàn	再见	动词
3	牛	niú	牛奶	名词
4	人	rén	中国人	名词
5	天	tiān	今天	量词
6	中国	Zhōngguó	中国人	名词

附二 重组词

1	你们	nǐmen	你、我们	代词
2	他们	tāmen	他、我们	代词
3	她们	tāmen	她、我们	代词
4	星期二	Xīngqī'èr	星期、二	名词
5	星期六	Xīngqīliù	星期、六	名词
6	星期四	Xīngqīsì	星期、四	名词
7	星期五	Xīngqīwǔ	星期、五	名词
8	星期一	Xīngqīyī	星期、一	名词

附三 特例词

1	李老师	Lǐ lǎoshī	称呼
2	明明	Míngming	名字
3	小高	Xiǎo Gāo	称呼

YCT（一级）考试要求及过程

一、YCT（一级）考试要求

1. 考试前，考生要通过《YCT 考试大纲与应考指南（一级）》等材料，了解考试形式，熟悉答题方式。
2. 参加考试时，考生需要带：准考证、2B 铅笔、橡皮。

二、YCT（一级）考试过程

1. 考试开始时，主考宣布：

> 大家好！欢迎参加 YCT（一级）考试。

2. 主考提醒考生（可以用考生的母语及其他有效方式）：把准考证放在桌子的右上方。

3. 之后，主考宣布：

> 现在请大家填写答题卡。

主考示意考生参考准考证（可以用考生的母语及其他有效方式），用铅笔填写答题卡上的姓名、年龄、性别、考点代码和考生序号。

4. 之后，主考请监考发试卷。

5. 试卷发完后，主考向考生解释试卷封面上的注意内容（可以用考生的母语及其他有效方式）。

注 意

一、YCT（一级）分两部分：
   1. 听力（20题，约10分钟）
   2. 阅读（15题，17分钟）

二、听力结束后，有3分钟填写答题卡。

三、全部考试约35分钟（含考生填写个人信息时间5分钟）。

6. 之后，主考宣布：

请打开试卷，现在开始听力考试。

主考示意考生把试卷上的密封条打开（可以用考生的母语及其他有效方式）。

7. 主考播放听力录音。

8. 听力播放结束后，主考宣布：

现在请把第1到20题的答案写在答题卡上，时间为3分钟。

主考提醒考生把答案写在答题卡上（可以用考生的母语及其他有效方式）。

9. 3分钟后，主考宣布：

现在开始阅读考试。考试时间为17分钟。

10. 阅读考试还剩5分钟时，主考宣布：

阅读考试时间还有5分钟。

11. 阅读考试结束后，主考宣布：

现在请监考收回试卷和答题卡。

12. 主考清点试卷和答题卡后宣布：

考试现在结束。谢谢大家！再见。

中小学生汉语考试
YCT（一级）
样　卷

注　意

一、YCT（一级）分两部分：

　　1. 听力（20题，约10分钟）

　　2. 阅读（15题，17分钟）

二、听力结束后，有3分钟填写答题卡。

三、全部考试约35分钟（含考生填写个人信息时间5分钟）。

中国　北京　　　　　孔子学院总部/国家汉办　　编制

一、听 力

第 一 部 分

第 1-5 题

例如：	(嘴)	✓
	(眼睛)	✕
1.		
2.		
3.		
4.		
5.		

第 二 部 分

第 6-10 题

例如：	A ✓	B	C
6.	A	B	C
7.	A	B	C
8.	A	B	C

9.	A	B	C

10.	A	B	C

第 三 部 分

第 11–15 题

例如：	(青蛙)	✓
	(钟表)	✗
11.	(长颈鹿)	
12.	(女士拿礼物)	
13.	(男孩拿苹果)	
14.	(母亲和女儿)	
15.	(一家人)	

第 四 部 分

第 16–20 题

例如：	A	B	C ✓
16.	A	B	C
17.	A	B	C
18.	A	B	C

23

19.	A	B	C
20.	A	B	C

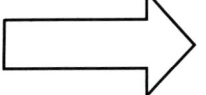

二、阅 读

第 一 部 分

第 21-25 题

例如：	(鸡)	gǒu 狗	✗
	(米饭)	mǐfàn 米饭	✓
21.	(9)	bā 八	
22.	(手)	shǒu 手	
23.	(小孩看书)	fàndiàn 饭店	
24.	(玫瑰花)	miànbāo 面包	
25.	(女孩头发)	tóufa 头发	

第 二 部 分

第 26-30 题

A B C D E F

例如：Wǒ de bízi cháng.
我 的 鼻子 长。   E

26. Jīntiān yī hào, Xīngqīsì.
今天 一 号，星期四。

27. Zhèr yǒu niúnǎi, nǐ hē ma?
这儿 有 牛奶，你 喝 吗？

28. Hǎode, wǒ bú kàn.
好的，我 不 看。

29. Zhè shì wǒmen de jiā.
这 是 我们 的 家。

30. Xiǎo māo shì shéi de?
小 猫 是 谁 的？

第 三 部 分

第 31–35 题

A 吃 chī　B 月 yuè　C 和 hé　D 三 sān　E 再见 zàijiàn　F 吗 ma

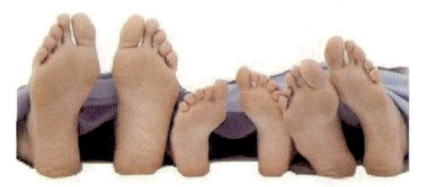

例如：A：这儿 有 几 个 人？ Zhèr yǒu jǐ ge rén?
B：这儿 有（D）个 人。 Zhèr yǒu ge rén.

31．A：你（ ）哪 个？ Nǐ nǎ ge?
B：这个，谢谢。 Zhège, xièxie.

32．A：你（ ）他 谁 大？ Nǐ tā shéi dà?
B：他 大。他 8 岁，我 7 岁。 Tā dà. Tā suì, wǒ suì.

33．A：老师（ ），明天 见。 Lǎoshī míngtiān jiàn.
B：明天 见。 Míngtiān jiàn.

34．A：喜欢 那个 学校（ ）？ Xǐhuan nàge xuéxiào
B：喜欢。 Xǐhuan.

35．A：你 几 号 去 中国？ Nǐ jǐ hào qù Zhōngguó?
B：一（ ）9 号。 Yī hào.

中小学生汉语考试 YCT（一级）答题卡

姓名：_____ 年龄：_____

性别：_____ 考点代码：_____

考生序号	[0] [1] [2] [3] [4] [5] [6] [7] [8] [9]
	[0] [1] [2] [3] [4] [5] [6] [7] [8] [9]
	[0] [1] [2] [3] [4] [5] [6] [7] [8] [9]
	[0] [1] [2] [3] [4] [5] [6] [7] [8] [9]
	[0] [1] [2] [3] [4] [5] [6] [7] [8] [9]

注意　请用2B铅笔这样写：■

一、听力

1. [√] [×]　　6. [A] [B] [C]　　11. [√] [×]　　16. [A] [B] [C]
2. [√] [×]　　7. [A] [B] [C]　　12. [√] [×]　　17. [A] [B] [C]
3. [√] [×]　　8. [A] [B] [C]　　13. [√] [×]　　18. [A] [B] [C]
4. [√] [×]　　9. [A] [B] [C]　　14. [√] [×]　　19. [A] [B] [C]
5. [√] [×]　　10. [A] [B] [C]　　15. [√] [×]　　20. [A] [B] [C]

二、阅读

21. [√] [×]　　26. [A] [B] [C] [D] [E] [F]　　31. [A] [B] [C] [D] [E] [F]
22. [√] [×]　　27. [A] [B] [C] [D] [E] [F]　　32. [A] [B] [C] [D] [E] [F]
23. [√] [×]　　28. [A] [B] [C] [D] [E] [F]　　33. [A] [B] [C] [D] [E] [F]
24. [√] [×]　　29. [A] [B] [C] [D] [E] [F]　　34. [A] [B] [C] [D] [E] [F]
25. [√] [×]　　30. [A] [B] [C] [D] [E] [F]　　35. [A] [B] [C] [D] [E] [F]

YCT（一级）样卷听力材料

（音乐，30秒，渐弱）

大家好！欢迎参加 YCT（一级）考试。
大家好！欢迎参加 YCT（一级）考试。
大家好！欢迎参加 YCT（一级）考试。

YCT（一级）听力考试分四部分，共 20 题。
请大家注意，听力考试现在开始。

第一部分

一共 5 个题，每题听两次。

例如：口
　　　耳朵

现在开始第 1 题：

1. 好
2. 爸爸
3. 他们
4. 多
5. 眼睛

第二部分

一共 5 个题，每题听两次。

例如：中国人

现在开始第 6 题：

6. 喝水
7. 在学校
8. 我和哥哥
9. 不爱吃
10. 长耳朵的狗

第三部分

一共5个题，每题听两次。

例如：我的眼睛大。
　　　现在四点。

现在开始第11题：

11．我的个子高。
12．谢谢你，我很喜欢。
13．妈妈，吃苹果。
14．她今天很高兴。
15．我家有五口人。

第四部分

一共5个题，每题听两次。

例如：女：明天是七月几号？
　　　男：明天是七月二号。

现在开始第16题：

16．男：吃米饭的那个人是谁？
　　女：我不认识。
17．女：你好，你叫什么名字？
　　男：老师好，我叫天天。
18．男：商店在哪儿？
　　女：在那儿。
19．女：这是什么？
　　男：鼻子。
20．男：你看，现在几点？
　　女：三点五十？

听力考试现在结束。

YCT（一级）样卷答案

一、听力

第一部分

1. × 2. × 3. ✓ 4. ✓ 5. ×

第二部分

6. B 7. A 8. B 9. C 10. C

第三部分

11. ✓ 12. ✓ 13. ✓ 14. × 15. ×

第四部分

16. A 17. B 18. A 19. B 20. C

二、阅读

第一部分

21. × 22. ✓ 23. × 24. × 25. ✓

第二部分

26. D 27. B 28. C 29. F 30. A

第三部分

31. A 32. C 33. E 34. F 35. B

中小学生汉语考试
Youth Chinese Test

YCT（一级）成绩报告
YCT (Level 1) Examination Score Report

姓名 (Name): _____

性别 (Gender): _____   国籍 (Nationality): _____

考试时间 (Examination Date): _____ 年 (Year) _____ 月 (Month) _____ 日 (Day)

编号 (No.): _____

	满分 (Full Score)	你的分数 (Your Score)
听力 (Listening)	100	
阅读 (Reading)	100	
总分 (Total Score)	200	

总分120分为合格 (Passing Score: 120)

主任 Director _____   国家汉办 Hanban

中国·北京
Beijing·China

33

郑重声明

高等教育出版社依法对本书享有专有出版权。任何未经许可的复制、销售行为均违反《中华人民共和国著作权法》，其行为人将承担相应的民事责任和行政责任；构成犯罪的，将被依法追究刑事责任。为了维护市场秩序，保护读者的合法权益，避免读者误用盗版书造成不良后果，我社将配合行政执法部门和司法机关对违法犯罪的单位和个人进行严厉打击。社会各界人士如发现上述侵权行为，希望及时举报，本社将奖励举报有功人员。

反盗版举报电话　　（010）58581999　58582371　58582488
反盗版举报传真　　（010）82086060
反盗版举报邮箱　　dd@hep.com.cn
通信地址　　北京市西城区德外大街4号
　　　　　　高等教育出版社法律事务与版权管理部
邮政编码　　100120

图书在版编目（CIP）数据

YCT考试大纲与应考指南. 一级 / 孔子学院总部/国家汉办编制. --北京：高等教育出版社，2016.8
ISBN 978-7-04-045787-2

Ⅰ. ①Y… Ⅱ. ①孔… Ⅲ. ①汉语－对外汉语教学－水平考试－自学参考资料 Ⅳ. ①H195.4

中国版本图书馆CIP数据核字（2016）第162637号

策划编辑	鞠 慧 李 玮	责任编辑	李 玮	封面设计	水长流文化
版式设计	水长流文化	责任校对	李 玮	责任印制	尤 静

出版发行	高等教育出版社	网　　址	http://www.hep.edu.cn	
社　　址	北京市西城区德外大街4号		http://www.hep.com.cn	
邮政编码	100120	网上订购	http://www.hepmall.com.cn	
印　　刷	北京鑫丰华彩印有限公司		http://www.hepmall.com	
开　　本	889mm×1194mm　1/16		http://www.hepmall.cn	
印　　张	2.5			
字　　数	48千字	版　　次	2016年8月第1版	
购书热线	010-58581118	印　　次	2016年8月第1次印刷	
咨询电话	400-810-0598	定　　价	35.00元	

本书如有缺页、倒页、脱页等质量问题，请到所购图书销售部门联系调换
版权所有　侵权必究
物　料　号　45787-00